NÜTZLICHES PESTO-WISSEN

AUF DEM TITELBILD SEHEN SIE DIE REZEPTE TOMATEN-ROSMARIN-PESTO (OBEN) VON SEITE 30, KERBEL-PISTAZIEN-PESTO (RECHTS) VON SEITE 11 UND ORANGEN-MANDEL-PESTO (UNTEN) VON SEITE 35.

FRISCH EINGETROFFEN

KLASSIKER AUF NEUE ART

PESTO CROSSOVER

KLEINE PESTO-KUNDE

WIE BEREITE ICH EIN PESTO AM BESTEN ZU?

WELCHE KRÄUTER KANN ICH DAZU NEHMEN?

MÜSSEN IMMER NÜSSE INS PESTO?

WELCHER KÄSE PASST ZU WELCHEN KRÄUTERN?

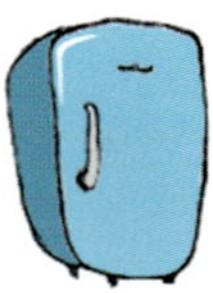

WIE BEWAHRE ICH DAS PESTO AUF?

Mörser oder Mixer – das ist hier die Frage ... Das ligurische Original aus Basilikumblättern, Pinienkernen, Knoblauch, Parmesan und Olivenöl wird von jeher, mit Muße und etwas Muskelkraft, im Steinmörser zubereitet. Der Vorteil: Die Aromen der Würzpaste verbinden sich optimal, die einzelnen Zutaten bleiben aber in ihrer Struktur noch erkennbar. Man beißt also hier mal auf ein Pinienkernstückchen, hat da mal intensiven Basilikumgeschmack auf der Zunge. Im Mixer wird aus Nüssen, Kräutern und Käse eine homogene Masse. Prima Kompromiss: Pürieren Sie die Nüsse oder Samen mit den Kräutern, Gewürzen und dem Öl **im Mixer oder mit dem Pürierstab** nur mittelfein und mischen den geriebenen Käse erst zum Schluss unter.

Basilikum, Koriandergrün, Petersilie, Rucola, Brunnenkresse, Estragon, Bärlauch – alles was Kräutergarten und Markt hergeben! Zarte Kräuter einfach waschen, trockenschütteln und die Blätter und feinen Stiele zu Pesto verarbeiten: Schmeckt pur als Topping für Salate und Suppen ebenso lecker wie als Nudelsauce oder, kurz mitgegart, als Füllung für Fleisch und Fisch. Härtere Kräutersorten wie Thymian und Rosmarin entfalten ihr Aroma meist besser, wenn sie gegart werden.

Nein, das bleibt Ihnen selbst überlassen. Nüsse und Samen geben dem Pesto ein gewisses Gerüst und bringen jede Menge Aroma mit. Wer keine Nüsse verträgt, kann auf Samen wie z. B. Sonnenblumenkerne ausweichen.

Parmesan (aus Kuhmilch) und **Pecorino** (aus Schafmilch) sind die Italo-Klassiker der Pesto-Käsesorten, die sich mit allen mediterranen Kräutern vertragen. Reifer **Manchego** (spanischer Schafmilchkäse) eignet sich ebenfalls sehr gut. Zarte Pflänzchen wie Brunnenkresse und Estragon verbünden sich aber z. B. auch gerne mit **cremigem Ricotta**. Die asiatischen Varianten mit Ingwer und Koriandergrün schmecken besser ohne Käse.

Frisch gemacht schmecken Pesti am besten. Reste für den Vorrat füllen Sie in ein sauberes Schraubglas und **bedecken die Oberfläche vollständig mit dem Öl**, das Sie auch fürs Pesto verwendet haben. So hält es im Kühlschrank ca. 10 Tage. Länger sollten Sie es nicht aufbewahren! Auch wenn das Pesto nicht verdirbt, es verliert doch mit der Zeit an Aroma. Mit Knoblauch im Bunde entwickelt es sogar einen leicht penetranten Geschmack. Deshalb am besten möglichst frisch zubereiten oder nur kurz aufbewahren. Zur Verwendung kratzen Sie die Ölschicht, die durch die Kälte im Kühlschrank fest geworden ist, ab und entnehmen die gewünschte Menge Pesto. Über den Rest gießen Sie wieder Öl als neue »Isolierschicht«.

PESTO – AROMAWUNDER IN VARIATIONEN

Knusprige Blätterteigschnecken zum Wein, tolle Sandwiches für unterwegs und würzige Nudel- und Kartoffelsalate fürs Sommerfest – mit Pesto lässt sich viel Leckeres anrichten.

BLÄTTERTEIGSCHNECKEN Für ca. 40 Stück 4 Scheiben TK-Fertigblätterteig (180 g) bei Zimmertemperatur auftauen lassen. Den Backofen auf 200° vorheizen, ein Backblech mit Backpapier belegen. Den aufgetauten Blätterteig dünn mit Tomaten-Rosmarin-Pesto (Rezept S. 30) bestreichen und nicht zu eng aufrollen (der Teig geht beim Backen noch auf!). Die Rollen in 1 cm breite Scheiben schneiden und diese mit etwas Abstand auf das Backblech legen. Die Schnecken im heißen Backofen (Mitte, Umluft 180°) 10–12 Min. backen.

VEGGIE-SANDWICH 2 EL Frischkäse mit 2 EL Petersilien-Walnuss-Pesto (Rezept S. 17) verrühren und 4 Toastscheiben damit bestreichen. Je 2 Toasts mit Salatblättern, Gurken- und Tomatenscheiben belegen und leicht salzen. Mit den übrigen Toastscheiben abdecken und die Sandwiches diagonal halbieren.

SCHINKENBRÖTCHEN DELUXE Dazu 2 Ciabatta-Brötchen quer durchschneiden und alle Hälften mit Petersilien-Walnuss-Pesto (Rezept S. 17) bestreichen. Die Unterseiten mit ein paar Ruco-

lablättern und 2–3 halbierten Kirschtomaten belegen. Von einem Stück Parmesan mit dem Sparschäler Späne darauf hobeln. Je 1–2 Scheiben Parmaschinken darauf legen und mit den oberen Brötchenhälften abdecken.

ITALIENISCHER NUDELSALAT Für 4 Personen 250 g Farfalle (Schmetterlingsnudeln) in reichlich kochendem Salzwasser nach Packungsanweisung bissfest kochen. In ein Sieb abgießen, kalt abschrecken und gut abtropfen lassen. Die Nudeln noch warm in einer Schüssel mit 4 EL Pesto frito (Rezept S. 23) verrühren. 1 Bund Rucola waschen und trockenschütteln, die Blätter zerzupfen. 10 Kirschtomaten waschen und halbieren. 10 getrocknete in Öl eingelegte Tomaten abtropfen lassen und klein würfeln. 100 g italienische Salami in Streifen schneiden. Alles mit 100 g schwarzen Oliven (ohne Stein) unter die Nudeln mischen. Den Salat mit Salz und Pfeffer abschmecken und vor dem Servieren 1 Std. durchziehen lassen.

GRÜNER KARTOFFELSALAT Für 4 Personen 600 g fest kochende Kartoffeln waschen und in einen Topf geben. So viel Wasser angießen, dass die Kartoffeln knapp bedeckt sind. Etwas Salz dazugeben und die Kartoffeln in ca. 25 Min. weich kochen. In ein Sieb abgießen und etwas ausdampfen lassen. Die Kartoffeln noch warm pellen, in Scheiben schneiden und leicht salzen. 4 EL Brunnenkresse-Pesto (Rezept S. 25) in einer Schüssel mit 2 EL Weißweinessig und 2 EL Sonnenblumenöl verrühren. Die Kartoffelscheiben vorsichtig unterheben. Schmeckt vorzüglich zu gegrilltem Fisch!

FERTIGES GANZ FIX AUFGEPEPPT

Mit Pesto aus dem Glas bringen Sie blitzschnell Spaghetti mit Rucola, Tomaten oder orientalischer Hackfleischsauce für zwei Hungrige auf den Tisch!

1 SPAGHETTI »RUCOLA« 1/2 Bund Rucola waschen, Stiele entfernen, die Blätter zerzupfen. Von einem Stück Parmesan mit dem Sparschäler ca. 30 g Späne abhobeln. 200 g Spaghetti in kochendem Salzwasser nach Packungsangabe bissfest kochen. Eine Schüssel anwärmen. 2 EL Basilikum- oder Rucola-Pesto aus dem Glas (ca. 100 g) hineingeben, mit 4 EL Nudelkochwasser verrühren. Nudeln abgießen, mit der Rucola zum Pesto geben, kräftig pfeffern und durchmischen. Mit Parmesanspänen bestreut servieren.

2 SPAGHETTI »POMODORI« 6 Kirschtomaten waschen und vierteln. 2 Knoblauchzehen schälen und in Scheiben schneiden. Von 2–3 Stielen Basilikum die Blätter abzupfen. 200 g Spaghetti in Salzwasser nach Packungsangabe bissfest kochen. In einer Pfanne 2 EL Olivenöl erhitzen, Knoblauch darin anbraten. Tomaten, 2 EL Pesto rosso (ca. 100 g) und 4 EL Nudelkochwasser unterrühren. Die Nudeln abgießen und mit dem Basilikum unter das Pesto mischen.

3 SPAGHETTI »ORIENTAL« 1/2 Aubergine waschen und in 1/2 cm große Würfel schneiden. Salzen und in einem Sieb Wasser ziehen lassen. 1 kleine Zwiebel und 1 Knoblauchzehe schälen und fein hacken. 1 Tomate waschen und klein würfeln. 1/2 Bund Petersilie waschen und trockenschütteln, die Blätter hacken.
200 g Spaghetti in reichlich kochendem Salzwasser nach Packungsangabe bissfest kochen. Inzwischen 2 EL Öl in einer Pfanne erhitzen. Zwiebel und Knoblauch darin anbraten. 100 g Hackfleisch (Rind oder Lamm) dazugeben und krümelig braten. Auberginenwürfel kalt abbrausen, ausdrücken und mit Küchenpapier trockentupfen. Die Auberginen zum Hackfleisch geben und unter Rühren 2 Min. mitbraten. 2 EL Pesto rosso (ca. 100 g) und 1/2 TL Baharat (arabische Würzmischung aus dem Orientladen) unterrühren. Tomate und Petersilie untermischen und 2 Min. bei schwacher Hitze erwärmen. Nudeln in ein Sieb abgießen, kurz abtropfen lassen und mit der orientalischen Hackfleischsauce mischen.

3
1
2

PESTO FRISCH EINGETROFFEN

Glück im Frühling

SPARGEL MIT KERBEL-PISTAZIEN-PESTO

Für den Spargel: 1 kg weißer Spargel ++ 1 EL Butter ++ je 1 TL Salz und Zucker

Für das Pesto: 1 Hand voll Kerbel ++ 1 kleine Knoblauchzehe ++ 2 EL geschälte Pistazien ++ 1/2 TL abgeriebene Schale von 1 Bio-Zitrone ++ 3 EL Sonnenblumenöl ++ Salz ++ Zucker ++ weißer Pfeffer

Für 2 Personen | Zubereitung **30 Min.** | Pro Person **ca. 410 kcal, 13 g EW, 30 g F, 21 g KH**

1 Den Spargel mit dem Sparschäler schälen und die Enden abschneiden. In einem Topf, in dem die Spargelstangen gut Platz haben, 5 cm hoch Wasser mit Butter, Salz und Zucker aufkochen. Den Spargel darin bei schwacher Hitze in 12–15 Min. garen.

2 Inzwischen den Kerbel waschen und verlesen, harte Stiele entfernen. Den Knoblauch schälen und etwas zerkleinern. Beides mit Pistazien, Zitronenschale und Öl fein pürieren. Mit je 1 Prise Salz, Zucker und weißem Pfeffer abschmecken. 4 EL Spargelkochwasser unterrühren.

3 Den Spargel herausheben, auf angewärmten Tellern anrichten und mit dem Kerbel-Pistazien-Pesto servieren. Dazu schmecken neue Kartoffeln.

fein zum Aperitif

CROSTINI MIT CASHEW-PESTO UND GARNELEN

Für das Pesto:
2 Bunde Koriandergrün
1 große grüne Chilischote
50 g geröstete gesalzene Cashewkerne
1 EL Limettensaft
1/4 TL Zucker
2 EL Sonnenblumenöl
Salz | Pfeffer

Für die Crostini:
1/2 Baguette
ca. 200 g gegarte Party-Gambas
2 Knoblauchzehen

Außerdem:
12 Holzspießchen (12 cm)
Öl für die Spieße und zum Braten

Für 12 Stück | Zubereitung **25 Min.** | Pro Stück ca. **95 kcal, 6 g EW, 4 g F, 9 g KH**

1 Für das Pesto das Koriandergrün waschen und trockenschütteln, grobe Stiele entfernen. Die Chilischote waschen, längs aufschneiden, entkernen und klein schneiden. Mit Cashewkernen, Limettensaft, Zucker und Öl pürieren. Pesto mit Salz und Pfeffer abschmecken.

2 Den Backofen auf 180° vorheizen. Das Baguette schräg in 12 Scheiben schneiden, auf ein Blech verteilen. Die Holzspieße einölen, je 3 Gambas auf jeden Spieß stecken.

3 Die Baguettescheiben im heißen Backofen (Mitte, Umluft 160°) in ca. 5 Min. goldbraun rösten, dabei einmal umdrehen. Das Öl in einer Pfanne erhitzen. Den Knoblauch schälen, etwas zerdrücken und dazugeben. Die Garnelenspieße darin von jeder Seite 1 Min. braten.

4 Die Baguettescheiben herausnehmen und noch warm mit dem Cashew-Pesto bestreichen. Die Crostini mit den Garnelenspießchen belegen oder die Spießchen darauf stecken und sofort servieren. Schmeckt fabelhaft zu fruchtigen Cocktails oder zu Prosecco.

WIESO WERDEN DIE KNOBLAUCHZEHEN IM GANZEN IN DIE PFANNE GEGEBEN?

Dadurch bekommen die Garnelenspießchen ein ganz zartes Knoblaucharoma, das perfekt mit dem Cashew-Pesto harmoniert.

frisch und würzig

SALAT MIT ZIEGENKÄSE UND KÜRBISKERN-PESTO

Für das Pesto:
2 EL Kürbiskerne
je 1/2 Bund Basilikum und Petersilie
2 EL Weißweinessig
1 TL Honig
2 EL Kürbiskernöl (oder Sonnenblumenöl)
Salz | Pfeffer
4 EL Gemüsebrühe

Für den Salat:
1/4 Kopf Lollo bianco
1/2 Bund Rucola
6–8 Kirschtomaten
Salz | Pfeffer
1 kleine Gärtnergurke
2 kleine runde Ziegenfrischkäse (je ca. 40 g)
4 dünne Scheiben Frühstücksspeck

Für 2 Personen | Zubereitung **25 Min.** | Pro Person ca. **620 kcal, 31 g EW, 48 g F, 18 g KH**

1 Die Kürbiskerne in einer Pfanne ohne Fett rösten und abkühlen lassen. Basilikum und Petersilie waschen und trockenschütteln, die Blätter abzupfen. Alles mit Essig, Honig, Öl und je 1 Prise Salz und Pfeffer pürieren. Die Gemüsebrühe unterrühren.

2 Salat und Rucola waschen, trockenschütteln und in mundgerechte Stücke zupfen. Die Tomaten waschen und halbieren. Die Gurke waschen, nach Belieben schälen, längs halbieren und entkernen; die Hälften quer in Halbmonde schneiden. Alles auf zwei Tellern anrichten, leicht salzen und pfeffern.

3 Die Ziegenkäse mit je 2 Streifen Frühstücksspeck umwickeln, sodass sie völlig umhüllt sind. In einer kleinen Pfanne bei mittlerer Hitze von jeder Seite in ca. 2 Min. knusprig braten. Jeweils in die Mitte des Salates setzen und alles mit dem Kürbiskern-Pesto beträufeln. Dazu schmeckt frisches Baguette oder Ciabatta.

von der Hand in den Mund

HÄHNCHEN-WRAPS
MIT PETERSILIEN-WALNUSS-PESTO

Für das Pesto:
1 Bund glatte Petersilie
1 Knoblauchzehe
50 g Walnusskerne
2 EL Walnuss- oder Sonnenblumenöl
30 g frisch geriebener Parmesan
Salz | Pfeffer
Zitronensaft

Für die Wraps:
2 Hähnchenbrustfilets (je ca. 150 g)
Salz | Pfeffer
1 EL Öl
4 Radicchio-Blätter
1 reife Birne | 1 EL Zitronensaft
4 Teigfladen für Wraps (Fertigprodukt)

Für 4 Stück | Zubereitung **35 Min.** | Pro Person ca. **360 kcal, 25 g EW, 21 g F, 18 g KH**

1 Für das Pesto die Petersilie waschen und trockenschütteln, grobe Stiele entfernen. Den Knoblauch schälen und etwas zerkleinern. Beides mit den Walnusskernen und dem Öl pürieren. Den Parmesan unterrühren und mit Salz und Pfeffer würzig abschmecken.

2 Die Hähnchenbrustfilets kalt abwaschen und mit Küchenpapier trockentupfen. Mit Salz und Pfeffer würzen und in einer beschichteten Pfanne im Öl bei mittlerer Hitze von jeder Seite 4–5 Min. braten. Beiseite stellen und etwas abkühlen lassen.

3 Inzwischen die Radicchio-Blätter waschen, trockenschütteln und in Streifen schneiden. Die Birne schälen, vierteln und das Kerngehäuse entfernen. Birnenviertel in Spalten schneiden. Sofort mit dem Zitronensaft beträufeln. Das Hähnchenfleisch in Scheiben schneiden.

4 Die Wrap-Teigfladen nach Packungsanweisung im Backofen oder in der Pfanne erwärmen. Mit dem Pesto bestreichen und mit Radicchio-Streifen und Birnenspalten belegen, dabei auf einer Seite ca. 5 cm frei lassen. Das Hähnchenfleisch auf Salat und Birnen verteilen. Die unbelegte Seite nach innen klappen und die Wraps aufrollen. Mit einer Serviette oder Pergamentpapier umwickeln und servieren.

Gruß aus Thailand

FORELLE MIT KORIANDER-INGWER-PESTO

2 Forellen (je ca. 300 g) ++ 2 EL Öl ++ Salz ++ 1 Bund Koriandergrün ++ 1 Stängel Zitronengras ++ 1 Stück frischer Ingwer (ca. 3 cm) ++ 2–3 kleine grüne Thai-Chilischoten (aus dem Asienladen) ++ 2 EL Sonnenblumenkerne ++ 3 EL Limettensaft ++ 1 TL Zucker ++ Alufolie

Für 2 Personen | Zubereitung **25 Min.** | Pro Person ca. **590 kcal, 62 g EW, 32 g F, 13 g KH**

1 Den Backofen auf 200° vorheizen. Die Forellen innen und außen waschen und abtrocknen. 2 große Stücke Alufolie abschneiden, auf der Innenseite mit Öl einpinseln. Die Fische innen und außen salzen und jeweils in die Alufolie wickeln (Falz nach oben, damit nichts auslaufen kann). Im heißen Ofen aufs Blech legen (Mitte, Umluft 180°) und 12–15 Min. garen.

2 Inzwischen das Koriandergrün waschen und trockenschütteln, grobe Stiele entfernen. Zitronengras von äußeren harten Blättern befreien, das weiche untere Drittel fein schneiden. Ingwer schälen und klein würfeln. Chilis waschen, die Stiele entfernen. Alles mit Sonnenblumenkernen, Limettensaft und Zucker fein pürieren, mit Salz abschmecken. Die Forellen auswickeln und auf angewärmte Teller legen. Das Pesto dazu servieren. Reis und grüner Salat passen gut dazu.

zum Dahin-schmelzen gut

APFEL-TIRAMISU MIT WALNUSS-PESTO

Für die Tiramisu:
500 g säuerliche Äpfel (z. B. Boskop)
1/4 l Weißwein (ersatzweise Apfelsaft)
1 Zimtstange
1 Päckchen Vanillezucker
100 g Sahne
250 g Mascarpone | 200 g Löffelbiskuits

Für das Pesto:
2 EL Puderzucker
80 g Walnusskerne
1 1/2 EL Zimtpulver

Für 4 Personen | Zubereitung **1 Std.** | Kühlzeit **2 Std.**
Pro Person ca. **830 kcal, 11 g EW, 52 g F, 72 g KH**

1 Die Äpfel schälen, vierteln und das Kerngehäuse entfernen. Apfelviertel in Spalten schneiden. Mit dem Wein, der Zimtstange und dem Vanillezucker in einem Topf aufkochen und in 5–6 Min. weich kochen. Vollständig abkühlen lassen.

2 Inzwischen den Puderzucker in einer Pfanne zu goldfarbenem Karamell schmelzen. Die Walnüsse dazugeben und unter Rühren rösten. Herausnehmen und abkühlen lassen.

3 Die Sahne steif schlagen. Die karamellisierten Walnüsse mit 1/2 EL Zimtpulver im Mörser zerstoßen. In einer Schüssel Mascarpone und Walnuss-Pesto verrühren und die Sahne unterziehen.

4 Eine kleine rechteckige Form mit etwas Mascarponecreme ausstreichen, eine Lage Löffelbiskuits einschichten. Die Hälfte der Äpfel darauf verteilen und die Biskuits mit 2–3 EL von dem Weinsud tränken. Die Hälfte der Mascarponecreme darüber geben und glatt streichen. Eine weitere Lage Biskuits und Äpfel einfüllen, wieder etwas Wein darüber träufeln und mit Creme abschließen. Zugedeckt für mindestens 2 Std. kalt stellen. Kurz vor dem Servieren das übrige Zimtpulver darüber sieben.

WIE FUNKTIONIERT DAS MIT DEM KARAMELLISIEREN GENAU?

Puderzucker in einer beschichteten Pfanne erhitzen, bis er schmilzt. Die Nüsse dazugeben und gut darauf achten, dass sie nicht dunkel werden. Dann auf Backpapier gießen und abkühlen lassen.

KLASSIKER AUF NEUE ART

feurig scharf

SPAGHETTI MIT PESTO FRITO

Für das Pesto: 4 Knoblauchzehen ++ 1/2 l neutrales Pflanzenöl ++ 2 Bunde krause Petersilie ++ 2 getrocknete Peperoncini ++ Salz ++ 2 EL Olivenöl

Für die Nudeln: 200–250 g Spaghetti ++ Salz ++ frisch geriebener Parmesan nach Belieben

Für 2 Personen | Zubereitung **25 Min.** | Pro Person ca. **850 kcal, 21 g EW, 38 g F, 107 g KH**

1 Den Knoblauch schälen, mit dem Öl in einen Topf geben und erhitzen. Von der Petersilie die groben Stiele entfernen. Sobald der Knoblauch goldgelb ist, herausfischen. Jeweils 1 kleine Handvoll Petersilie ins heiße Öl geben (Vorsicht, schäumt auf und kann spritzen!) und darin 30 Sek. frittieren. Mit dem Schaumlöffel herausheben und auf Küchenpapier abtropfen lassen. Die frittierte Petersilie mit dem Knoblauch, den Peperoncini und 1 Prise Salz im Mörser zerstoßen, das Olivenöl unterrühren.

2 In einem Topf reichlich Wasser für die Nudeln erhitzen. Sobald es kocht, salzen und die Nudeln darin nach Packungsangabe bissfest kochen. In ein Sieb abgießen und abtropfen lassen. Die Nudeln sofort mit dem Pesto frito mischen und auf zwei Teller verteilen. Wer mag, bestreut seine Nudeln noch mit geriebenem Parmesan.

Deftiges fein gemacht

KARTOFFELSUPPE MIT BRUNNENKRESSE-PESTO

Für die Suppe:
500 g mehlig kochende Kartoffeln
2 große Petersilienwurzeln
2 Schalotten | 2 EL Öl
3/4 l Gemüsebrühe
Salz | Pfeffer

Für das Pesto:
1 Bund Brunnenkresse
2 EL Pinienkerne
2 EL Sonnenblumenöl
Salz | Pfeffer
1 EL frisch geriebener Parmesan

Für 4 Personen | Zubereitung **30 Min.** | Pro Person ca. **310 kcal, 7 g EW, 18 g F, 27 g KH**

1 Die Kartoffeln und Petersilienwurzeln waschen, schälen und in Scheiben schneiden. Die Schalotten schälen und fein hacken. Öl in einem Topf erhitzen, Schalotten darin glasig anbraten. Kartoffeln und Petersilienwurzeln dazugeben und 2 Min. mitbraten. Brühe angießen, aufkochen und ca. 15 Min. bei mittlerer Hitze kochen lassen.

2 Inzwischen die Brunnenkresse waschen und trockenschütteln, die Blätter abzupfen. Mit Pinienkernen, Öl und je 1 Prise Salz und Pfeffer pürieren. Parmesan und 3–4 EL Gemüsebrühe (aus dem Suppentopf) unterrühren, bis ein cremiges Pesto entsteht.

3 Die Suppe vom Herd nehmen. Kartoffeln und Petersilienwurzeln mit einem Kartoffelstampfer (siehe TIPP) fein zerdrücken. Mit Salz und Pfeffer abschmecken. In vier Suppentassen verteilen und mit dem Brunnenkresse-Pesto garnieren.

MEIN KÜCHEN-TIPP

Verwenden Sie **zum Kartoffelpürieren weder Mixer noch Pürierstab**. Suppen und Pürees bekommen dadurch eine unangenehm zähe Konsistenz.

ZUCCHINI-NUDELN MIT HASELNUSS-PESTO

gelingt leicht

Für das Pesto:
80 g Haselnüsse
2 Knoblauchzehen
1 Zweig frischer Thymian
4 EL Olivenöl | Salz | Pfeffer
30 g frisch geriebener Parmesan

Für die Nudeln:
250 g frische Bandnudeln (Fertigprodukt aus dem Kühlregal)
Salz
1 Zucchino (ca. 200 g)
30 g Parmesan am Stück

Für 2 Personen | Zubereitung **20 Min.** | Pro Person ca. **860 kcal, 27 g EW, 57 g F, 61 g KH**

1 Die Haselnüsse in einer Pfanne ohne Fett rösten, bis sie duften. Abkühlen lassen und die Häutchen abreiben. Den Knoblauch schälen und hacken. Den Thymian waschen, die Blättchen abstreifen. Nüsse, Knoblauch, Thymian und Öl mit 1/4 TL Salz und reichlich frisch gemahlenem Pfeffer fein pürieren. Den geriebenen Parmesan unterrühren.

2 In einem großen Topf Wasser für die Nudeln aufsetzen. Den Zucchino waschen und längs 2–3-mal tief einschneiden. Mit dem Sparschäler bandnudelförmige Streifen abhobeln. Sobald das Wasser kocht, salzen und die Nudeln darin nach Packungsangabe garen. 2 Min. vor Ende der Garzeit die Zucchinistreifen hinzufügen.

3 In einer vorgewärmten Schüssel das Haselnuss-Pesto mit 4 EL Nudelkochwasser verrühren. Die Nudel-Zucchini-Mischung in ein Sieb abgießen und sofort mit dem Pesto mischen. Auf zwei Teller verteilen und mit dem Sparschäler Parmesanspäne darüber hobeln.

MEIN TAUSCH-TIPP

Die Haselnüsse können Sie auch durch **Walnüsse** ersetzen, statt oder zusätzlich zu den Zucchinistreifen schmecken auch **Möhren- und Frühlingszwiebelstreifen**.

SEEZUNGENRÖLLCHEN MIT ESTRAGON-MANDEL-PESTO

zergehen auf der Zunge

Für das Pesto:
3 EL Mandelstifte
je 1/2 Bund Estragon und glatte Petersilie
1/2 TL abgeriebene Schale von 1 Bio-Zitrone
1 EL Olivenöl
Salz
weißer Pfeffer

Für die Röllchen:
4–6 Seezungenfilets (ca. 300 g)
Salz | 2–3 EL Zitronensaft
150 ml Fischfond (aus dem Glas)
2 EL Crème legère
1 gestrichener TL Mehl
1 Spritzer Pernod (nach Belieben)
Holzzahnstocher

Für 2 Personen | Zubereitung **30 Min.** | Pro Person ca. **520 kcal, 42 g EW, 35 g F, 10 g KH**

1 Die Mandelstifte in einer Pfanne ohne Fett goldgelb rösten, abkühlen lassen. Estragon und Petersilie waschen und trockenschütteln, die Blätter abzupfen. Mandeln, Kräuter, Zitronenschale, Öl und je 1 Prise Salz und Pfeffer fein pürieren.

2 Die Fischfilets kalt abspülen und mit Küchenpapier abtrocknen. Leicht salzen und mit etwas Zitronensaft beträufeln. Mit der Hautseite nach oben auf die Arbeitsfläche legen und mit dem Pesto bestreichen, dabei einen kleinen Rand frei lassen. Aufrollen und die Röllchen mit Holzzahnstochern zusammenstecken.

3 Den Fischfond in einem kleinen Topf aufkochen. Die Fischröllchen hineingeben und die Hitze sofort reduzieren. Zugedeckt bei schwächster Hitze in ca. 5 Min. gar ziehen lassen. Die Röllchen herausheben und warm stellen. Den Fischfond aufkochen. Crème legère und Mehl verrühren und mit einem Schneebesen einrühren. 2 Min. sprudelnd kochen lassen und mit Salz, Zitronensaft und nach Belieben einem Spritzer Pernod abschmecken. Zu den Seezungenröllchen servieren. Dazu schmecken Reis und Feldsalat.

tolle Beilage

AUBERGINENTÜRMCHEN
MIT TOMATEN-ROSMARIN-PESTO

Für die Auberginen:
1 Aubergine (ca. 300 g)
Salz
2 reife Tomaten
2 EL Olivenöl
2 EL frisch geriebener Parmesan

Für das Pesto:
2 EL Pinienkerne | 1 Knoblauchzehe
1–2 Stiele Rosmarin (ergibt 1 EL gehackte Nadeln)
10 getrocknete in Öl eingelegte Tomaten
(+ 4 EL Einlegeöl)
Salz | 1 getrockneter Peperoncino
2 EL geriebener Parmesan

Für 2 Personen | Zubereitung **25 Min.** | Backzeit **15 Min.**
Pro Person ca. **610 kcal, 19 g EW, 45 g F, 37 g KH**

1 Die Aubergine waschen und in 1/2 cm dicke Scheiben schneiden. Die Scheiben salzen, in einem Sieb aufeinander stapeln und ca. 10 Min. Wasser ziehen lassen.

2 Inzwischen die Pinienkerne in einer Pfanne ohne Fett rösten, abkühlen lassen. Knoblauch schälen und klein würfeln. Rosmarin waschen, die Nadeln abstreifen und fein hacken. Die getrockneten Tomaten etwas zerkleinern. Pinienkerne, Knoblauch und getrocknete Tomaten samt Einlegeöl mit 1 Prise Salz und dem zerbröselten Peperoncino pürieren. Parmesan und Rosmarin unterrühren. Die Tomaten waschen, halbieren, entkernen und ohne Stielansätze fein würfeln.

3 Den Backofen auf 180° vorwärmen. Auberginen auspressen und mit Küchenpapier abtrocknen. Das Öl in einer Pfanne erhitzen und die Auberginenscheiben darin von beiden Seiten ca. 1 Min. anbraten. Herausnehmen und auf Küchenpapier abtropfen lassen. Aus den Auberginenscheiben in einer ofenfesten Form vier Türmchen formen, dabei auf jede Auberginenscheibe etwas Tomaten-Rosmarin-Pesto und 1 EL frische Tomatenwürfelchen geben. Mit geriebenem Parmesan bestreuen und im heißen Ofen (Mitte, Umluft 160°) 12–15 Min. backen. Fein zu Lammbraten oder Kalbskotelett.

WARUM MÜSSEN DIE AUBERGINENSCHEIBEN WASSER ZIEHEN?

Sie nehmen dadurch beim Braten sehr viel weniger Öl auf und sind dann bekömmlicher.

ideal für Gäste

KALBSRÖLLCHEN MIT SARDELLEN-THYMIAN-PESTO

Für das Pesto:
2 EL Pinienkerne
1/2 Bund Basilikum
3 Zweige frischer Thymian
3 Sardellen (in Öl)
2 EL Ricotta
Pfeffer

Für die Röllchen:
2 Schalotten
150 g kleine Pfifferlinge
4 dünne Kalbsschnitzel (je 80 g)
Salz
2 EL Öl | 100 g Sahne
1–2 TL Zitronensaft
Holzzahnstocher

Für 2 Personen | Zubereitung **45 Min.** | Pro Person ca. **600 kcal, 44 g EW, 43 g F, 9 g KH**

1 Für das Pesto die Pinienkerne in einer Pfanne ohne Fett goldbraun rösten, abkühlen lassen. Basilikum und Thymian waschen und trockenschütteln, die Blätter abzupfen bzw. abstreifen. Sardellen abtropfen lassen. Pinienkerne, Kräuter und Sardellen fein pürieren. Ricotta unterrühren und das Pesto kräftig pfeffern.

2 Die Schalotten schälen und fein hacken. Die Pfifferlinge putzen, möglichst nicht waschen. Die Kalbsschnitzel zwischen zwei Lagen Klarsichtfolie flach klopfen und leicht salzen. Mit dem Pesto bestreichen, dabei einen kleinen Rand frei lassen, damit die Füllung nicht herausquillt. Aufrollen und mit Holzzahnstochern zusammenstecken.

3 Das Öl in einer Schmorpfanne erhitzen. Die Röllchen darin von allen Seiten anbraten. Herausnehmen. Schalotten und Pfifferlinge in die Pfanne geben und bei starker Hitze 2 Min. anbraten. Sahne angießen und aufkochen lassen. Die Röllchen wieder in die Pfanne geben und bei mittlerer Hitze zugedeckt 10 Min. schmoren lassen. Die Pilzsauce mit Salz, Pfeffer und Zitronensaft abschmecken. Dazu schmecken Bandnudeln und Tomaten-Rucola-Salat.